David L. Harrison

Uma árvore é uma comunidade

Ilustração: Kate Cosgrove
Tradução: Jayme da Costa Pinto

CARAMBAIA

Aos poetas do meu workshop de poesia de 2011,
agora bons amigos e colegas:
Joy Frelinger, Cory Corrado, Jeanne Poland,
Susan Carmichael, Rebecca Menshen, Ken Slesarik,
Heidi Mordhorst e Carol-Ann Hoyte.
Com afeto
DAVID L. HARRISON

Para a Bridget
KATE COSGROVE

Agradecimentos especiais a Christine Rollinson,
PhD em Ecologia Florestal, da The Morton Arboretum,
e a Bob e Barb Kipfer, do programa Missouri Master Naturalist,
pela revisão especializada do texto.

Na primavera,
um **ESTRONDO**!
É a chuva,
que **JORRA**
e **MERGULHA**
na terra
fértil
e escura.

O solo e o ar
começam a se preparar,
e a chuva dá um
GRITO:
"Alô, raízes preguiçosas,
é hora de acordar!".

As raízes
despertam
e respondem:

"É pra já!
Manda logo pra cá
um gole caprichado
dessa água deliciosa!"

E de repente
PIMBA!
A seiva já
circula ligeira
pelos galhos
gelados e pelados!
E as folhas se
DESENROLAM
como se fossem
uma esteira.

Os botões
aparecem
EXIBIDOS
pra enfeitar
os raminhos
magricelos,
como anéis
coloridos.

E, como num
ESTALO,
os botões
BROTAM,
enquanto
as abelhas
ZUMBEM,
a chuva
ESGUICHA,

e o sol
FRITA.

Rapidinho,
as sementes
crescem e —
OPA! —
já estão a caminho,
doidas pra passear
e naquela terra
fértil e escura
se jogar.

Os insetos falam:
"Olha que árvore bela!"
e RASTEJAM
e ESCALAM
com PRESSA
todo o tronco dela.

Logo, logo, os passarinhos
aparecem CARREGADOS,
com jeito de quem
acaba de sair
da loja de GRAVETO E BARRO,
com material para construir
os seus lindos ninhos.

Assim que os
primeiros ovos
fazem CRAC,
mamães e papais
começam a
BATER AS ASAS
e FESTEJAR.
Tudo para animar
os filhotes que
PIAM sem parar!

E as formigas?
Minha nossa!
Saem em DISPARADA
como se fugissem
de algo perigoso!
E os lagartos
ENCOLHIDOS
esperam
que um bicho
apetitoso
se aproxime
distraído.

Já os esquilos
SALTAM
e fazem ACROBACIAS,
enquanto aranhas
TECEM suas teias
que parecem cortinas grudentas
para atrair e CAPTURAR
mariposas mais lentas.

E a árvore segue
OCUPADA,
cuidando dos próprios negócios.
Até que a tempestade UIVA
e os trovões fazem estardalhaço:
CABRUM! CABRUM!
E a árvore
PROTEGE as famílias,
como num
grande abraço.

A árvore então
CRESCE e
SE ESTICA.
Novas aves chegam
e BICAM e
CAVAM buracos.
Além de corujas,
gambás e guaxinins,
que por ali
SE INSTALAM.
Será que
eles também
vão fazer bebês?
Claro que sim!

O verão chega
de repente.
Tá QUENTE! Tá QUENTE!
A grama fica seca,
parece que saiu do FORNO.

Mas então vem o outono,
e o calor AMENIZA!
As FOLHAS ficam marrons
e ganham BEIJOS
do vento e da brisa.
A árvore fica CARECA
como a cabeça do vovô.

O inverno vem
CONGELANTE,
deixando tudo gelado.
A árvore se RENDE
e estica seus braços,
que logo ficam PELADOS.

Mas não dura muito tempo, não!
Logo a primavera aparece,
deixando tudo bem VERDE.
E minúsculos sapinhos
brincam de ESCONDE-ESCONDE
no meio das folhas reluzentes.
Sempre PERSISTENTES
e EXIBIDOS que são,
PREENCHEM a noite
com sua COAXANTE canção.

A árvore segue
OCUPADA,
cuidando dos próprios
negócios.
Suas folhas verdes,
verdíssimas,
INSPIRAM o ar
que EXPIRAMOS.
Sim!
E essas mesmas
folhas verdes, verdíssimas,
EXPIRAM o ar
que INSPIRAMOS.
Sempre assim!

GALHO
FOLHA
• CAPTA A POEIRA
• FILTRA O AR
• PRODUZ OXIGÊNIO
BOTÃO
FLOR
RAÍZES
• ARMAZENAM ÁGUA
• FIRMAM A TERRA NO SOLO

Essa árvore ocupada
realiza ainda OUTRAS tarefas,
coisas de árvore mesmo.
Ela CAPTA
a poeira do ar e
ARMAZENA água em suas raízes,
fortes e profundas.
Também EVITA que o solo
SEJA LEVADO pela força da água
e nos mantém FRESQUINHOS
quando o sol estica sua língua QUENTE
e LAMBE tudo de cima a baixo.

E o melhor de tudo:
a primavera traz
CHUVA,
e a chuva traz
BOTÕES.
Os botões trazem
FLORES,
e as flores trazem
ALEGRIA.

Novas sementes
caem
sobre a terra
fértil
e escura.

E, não mais que de
repente,
um broto SURGE.
E logo, logo teremos
uma bela árvore nova.
VIVA!

SOBRE OS AUTORES

DAVID L. HARRISON, autor de mais de 100 livros, mora em Springfield, no estado do Missouri, nos Estados Unidos, que abriga uma escola de ensino fundamental batizada em sua homenagem. Seus livros já foram premiados em vários estados, como Kansas, Missouri, Michigan, Arizona, Dakota do Sul, Indiana, Texas, Kentucky e Virgínia. Outras honrarias incluem o IRA/CBC Children's Choices, o NCTE Notable Poetry Books e o Bank Street College Best Books.

KATE COSGROVE mora em Lansing, Michigan, também nos Estados Unidos. Ela já conquistou muitos prêmios e distinções por seu trabalho como ilustradora, incluindo uma bolsa de estudos da Highlights Foundation em 2018. Kate e David já repetiram a dobradinha em dois outros livros, que receberam diversos prêmios, como o Melhor Livro do Ano da Biblioteca Pública de Nova York, e menções do Conselho Nacional dos Professores de Inglês na categoria poesia e da Associação Nacional dos Professores de Ciência na de livros para ensinos médio e fundamental.

NÓS E AS ÁRVORES

As árvores estão entre os seres vivos mais importantes da Terra. As razões para isso são fáceis de entender. Sua sombra nos refresca em dias quentes. Suas folhas ajudam a nos proteger da chuva. Elas fornecem abrigo e alimento para todos os tipos de animais. Cortamos árvores mortas para queimar na lareira em noites frias de inverno. Construímos nossas casas com a madeira das árvores.

Mas as árvores nos ajudam também de maneiras que não podemos enxergar diretamente. Elas removem do ar um composto químico conhecido como dióxido de carbono, que é a principal causa do aquecimento global. Ao fazer isso, as árvores liberam oxigênio, outro importante elemento químico. Nós, e quase todos os outros tipos de animais da Terra, precisamos de oxigênio para respirar.

Tenho uma árvore no meu quintal. Observo-a todos os dias, procuro besouros e formigas em sua casca e pássaros nos galhos. Observo suas folhas caírem no outono e novas folhas crescerem na primavera. Chamo-a de "minha árvore" e a amo muito. Tiro fotos e até já escrevi um poema sobre ela. Você também pode ter sua própria árvore — no quintal, em um parque ou mesmo na rua. Acho que as árvores gostam de ser amadas por nós.